NOVENA DE SANTA MARÍA DEL PERPETUO SOCORRO

Edición Oficial

LIBROS LIGUORI

Imprimi potest:
James Shea, CSsR
Provincial, Provincia de St. Louis
Los Redentoristas

Imprimatur
+ Paul A. Zipfel, V.G.
Obispo auxiliar, Provincia de St. Louis

ISBN 978-7648-1732-8

Impreso en EE.UU.

Liguori Publications, corporación no lucrativa, es un apostolado de los Redentoristas. Para saber más acerca de los Redentoristas, visite "Redemptorists.com"

Para hacer pedidos, llame al 800-325-9521
www.liguori.org

Índice

1. *Iniciales griegas de "Madre de Dios".*
2. *Iniciales griegas de "San Miguel Arcángel". Se le representa sujetando la lanza y arpón con la vasija de vinagre y hiel de la Pasión de Cristo.*
3. *Iniciales griegas de "San Gabriel Arcángel". Sujeta la cruz y los clavos.*
4. *Iniciales griegas de "Jesucristo".*

Presentación

Cuando la imagen milagrosa de Nuestra Señora del Perpetuo Socorro fue consagrada en la iglesia de San Alfonso en Roma, en 1866, el Papa Pío IX le ordenó a los redentoristas lo siguiente: "Den a conocer a Nuestra Señora del Perpetuo Socorro por el mundo entero".

Por más de cien años los redentoristas han promovido la devoción a la Madre de Dios. Literalmente, miles de personas han sido animadas por sus sermones sobre María. Por medio de sus esfuerzos, millones de cuadros de Nuestra Señora del Perpetuo Socorro han sido distribuidos en todo el mundo.

Es nuestro deseo que este folleto de las oraciones de la Novena ayude a que sea más profunda y fuerte la devoción a María, la

Madre de la Iglesia, Nuestra Señora del Perpetuo Socorro. Y que con él, usted también pueda darla a conocer.

Cantos

Himno oficial

Dios te salve, Perpetuo Socorro,
la esclava sencilla que escogió el Señor;
y llena de gracia, un día,
fuiste Madre de Jesús el Redentor.
Tu icono es, María, esperanza en el dolor;
por eso los pobres y humildes te miran
y en ti siempre encuentran refugio y amor
(bis).

Esa estrella que en tu frente
derrama sus resplandores sin cesar,
con su luz resplandeciente,
los más pobres y apenados va a buscar.
Cuando en las sombras nos veas,
Madre de Dios, que tu estrella no nos deje
de alumbrar.

¡Ave, ave, ave María!
¡Ave, ave, ave María!

Perpetuo Socorro quien quiera alcanzar,
el Ave María hoy venga a cantar.
¡Ave, ave, ave María!
¡Ave, ave, ave María!

Es madre tan tierna que nunca dejó,
sin pronto socorro a quien la invocó.
Ave…

De todo peligro te puede librar,
si, humilde, a sus plantas te postras a orar.
Ave…

Si quieres, constante, la culpa evitar,
socorro en María ven siempre a buscar.
Ave…

En vida y en muerte Socorro tendrás,
si el Ave María no olvidas jamás.
Ave…

Yo tengo una Madre

Yo tengo, una Madre, Madre querida,
que calma mis penas cuando me mira.
Se llama mi Madre, Virgen María,
Perpetuo Socorro del alma mía.
Grabada su imagen llevo en el alma,
de día y de noche quiero mirarla;
y cuando la miro me da su gracia,
Perpetuo Socorro que nunca falta.

Desde tu imagen divina

Desde tu imagen divina,
míranos siempre, María,
con cariño maternal.
A ti claman nuestras almas
buscando paz y alegría,
en tu imagen celestial (bis).

Invocaciones al Perpetuo Socorro

Escucha, Virgen piadosa,
mi plegaria y mi canción.
Oh mi Perpetuo Socorro,
recibe mi corazón.
Consuelo de pecadores,
Santa Madre de Jesús,
cobija siempre a tus hijos
en tu hermoso manto azul.
Tienes el rostro muy triste
de tanto llorar por mí.
Haz que te ame yo, María,
por lo que te hice sufrir.
Eres reina y eres madre,
tienes riquezas y amor,
dame el oro de tus gracias
y tu puro corazón.

¡Viva el Perpetuo Socorro!

¡Viva el Perpetuo Socorro!
¡Viva mi gloria y mi bien!
¡Viva la imagen bendita,
que es del mundo modelo de fe!

Eres, Perpetuo Socorro,
el consuelo del que llora,
pues sus lágrimas enjuga
en tu Imagen bienhechora.

En tu frente hay una estrella,
la estrella de la esperanza;
por eso, al mirar tu Cuadro,
se aviva mi confianza.

Guarda tu imagen, Señora,
del dolor que has socorrido,
en cada línea un sollozo,
en cada sombra un gemido.

Oraciones públicas en honor a

NUESTRA SEÑORA DEL PERPETUO SOCORRO

(Bíblico/Litúrgicas)

Himno de entrada *(de pie)*

SACERDOTE: Santísima e Inmaculada Virgen y nuestra Madre María, tú eres nuestro perpetuo socorro, nuestro refugio y nuestra esperanza.

TODOS: Venimos a ti hoy. Damos gracias a Dios por las gracias recibidas a través de tu intercesión. Señora del Perpetuo Socorro prometemos amarte siempre y hacer todo lo que esté en nuestras manos para atraer a otros hacia ti.

SACERDOTE: Señora del Perpetuo Socorro, confiados en tu poderosa influencia con Dios, obtén para nosotros las siguientes gracias.

TODOS: La fortaleza, para poder vencer la tentación, un amor perfecto hacia Jesucristo, una muerte santa, para que podamos vivir contigo y con tu Hijo por toda la eternidad.

*****

SACERDOTE: Oremos para que estemos abiertos a la palabra de Dios.

TODOS: Señora del Perpetuo Socorro, tú continuamente buscabas el significado de las palabras y acciones de Dios en tu vida. Mientras escuchamos la palabra de Dios, que el Espíritu Santo ilumine nuestro entendimiento y nos dé la valentía de poner su palabra en práctica en nuestra vida diaria.

(En caso de que haya homilía, todos deben sentarse.)

*****

SACERDOTE: Arrodillémonos para rezar como comunidad de fe. María, todas las generaciones te bendicen, y el Todopoderoso ha hecho grandes cosas por ti.

TODOS: Señora del Perpetuo Socorro clamamos a tu poderosísimo nombre. Tu nombre inspira confianza y esperanza. Que siempre esté en nuestros labios, especialmente en tiempos de tentación y a la hora de nuestra muerte. Santa Madre, ayúdanos cuando clamamos a ti. No nos dejes estar conformes con sólo pronunciar tu nombre. Que nuestra vida cotidiana proclame que tú eres nuestra Madre y nuestra Señora del Perpetuo Socorro.

*****

SACERDOTE: Oremos por nuestras necesidades temporales.

TODOS: Señora del Perpetuo Socorro, con la mayor confianza nos arrodillamos ante ti. Imploramos tu ayuda en nuestros problemas de la vida diaria. Las tribulaciones y penas nos abaten frecuentemente; las desgracias y privaciones traen miseria a nuestra vida; por todas partes encontramos la cruz. Consuelo del afligido, pide a tu Hijo Jesús que nos libre de nuestros sufrimientos. Pero, si es voluntad de Dios que suframos, ayúdanos a soportarlo todo con amor y paciencia. Que sigamos el ejemplo de tu Hijo y por medio de él, con él y en él, nos encomendemos al cuidado de nuestro Padre celestial.

*****

SACERDOTE: Ahora, pongámonos de pie para presentar nuestras peticiones y agradecimiento. Señor Jesucristo, por una palabra de María, tu santa Madre, cambiaste el agua en vino en Cana de Galilea. Escucha ahora al pueblo de Dios reunido aquí para rendirle honor a Nuestra Señora del Perpetuo Socorro. Concédenos nuestras peticiones y acepta nuestro sincero agradecimiento.

Concédele sabiduría y guía a nuestro Santo Padre, el Papa..., y a nuestro Obispo..., a nuestros sacerdotes y a todos los líderes de nuestra nación, estado y comunidad.

TODOS: Escúchanos, Señor, por medio de María, nuestra Madre.

SACERDOTE: Concede la paz y la unidad a todo el mundo, en especial a nuestros hogares y familias.

TODOS: Escúchanos, por medio de María, nuestra Madre.

SACERDOTE: Permite que la gente joven responda generosamente al llamado del Espíritu Santo de profundizar en su Fe y escoger su vocación en la vida.

TODOS: Escúchanos, Señor, por medio de María, nuestra Madre.

SACERDOTE: Concédenos salud de cuerpo y mente y ayuda a los enfermos, especialmente para que recuperen su salud de acuerdo a tu santa voluntad.

TODOS: Escúchanos, Señor, por medio de María, nuestra Madre.

SACERDOTE: Concédele el descanso eterno a todos nuestros familiares y amigos que han fallecido, en especial a...., y a las almas de los fieles difuntos.

TODOS: Escúchanos, Señor, por medio de María, nuestra Madre.

SACERDOTE: Hagamos una pausa para presentar silenciosamente nuestras propias peticiones a la Señora del Perpetuo Socorro. Señor, acepta nuestra gratitud por la nueva vida que en tu bondad hemos recibido.

TODOS: Te damos gracias, Señor, a través de María nuestra Madre.

SACERDOTE: Acepta nuestra gratitud por todas las gracias que hemos recibido a través de la vida sacramental de la Iglesia.

TODOS: Te damos gracias, Señor, a través de María nuestra Madre.

SACERDOTE: Acepta nuestra gratitud por las bendiciones espirituales y materiales que hemos recibido.

TODOS: Te damos gracias, Señor, a través de María nuestra Madre.

SACERDOTE: Hagamos una pausa para dar gracias silenciosamente a la Señora del Perpetuo Socorro por los favores que cada uno de nosotros hemos recibido.

*****

SACERDOTE: Favor de arrodillarse, para pedir por nuestros hermanos y hermanas enfermos.

TODOS: Señor, mira a tus siervos que laboran con debilidades físicas. Alimenta y revive las almas que has creado para que, purificados por sus sufrimientos, se encuentren prontamente sanos por tu misericordia. Te lo pedimos por Cristo nuestro Señor Amén.

SACERDOTE: Que el Señor Jesucristo esté con ustedes para defenderlos, en ustedes para sustentarlos, delante de ustedes para guiarlos, detrás de ustedes para protegerlos, por encima de ustedes para bendecirlos en el Nombre del Padre, del Hijo y del Espíritu Santo.

TODOS: Amén.

*****

SACERDOTE: Renovemos nuestra confianza en María como nuestro perpetuo socorro.

TODOS: Señora del Perpetuo Socorro, has sido bendita y favorecida por Dios. No solamente fuiste la Madre del Redentor, sino la Madre de los redimidos también. Venimos a ti hoy, como tus hijos amorosos. Protégenos y cuídanos. Según tomaste al niño Jesús en tus brazos amorosos, tómanos a nosotros en tus brazos. Se una madre lista a ayudamos en todo momento; ya que Dios, que es poderoso, ha hecho maravillas en ti, y su misericordia va de generación en generación a aquellos que lo aman. Nuestro mayor temor es, que en tiempo de tentación, fallemos en clamar a ti, y seamos hijos perdidos. Intercede por nosotros, querida Madre, para obtener perdón por nuestros pecados, amor por Jesús, perseverancia hasta el fin, y la gracia de siempre clamar a ti, Señora del Perpetuo Socorro.

*****

(El Acto de Consagración que sigue debe decirse la primera semana del mes.)

Acto de consagración

SACERDOTE: Renovemos nuestro Acto de consagración.

TODOS: Unidos con los miembros de tu cofradía aquí y en todo el mundo, nos consagramos a tu servicio. Prometemos renovar esta dedicación una vez a la semana y recibir los sacramentos con frecuencia. Te rogamos que obtengas para nosotros la gracia de imitar el amor que tu gran servidor San Alfonso te tuvo a ti y a tu Hijo.

*****

SACERDOTE: Pongámonos de pie ahora y unámonos a los cristianos de todos los tiempos y veneremos a María, poniéndonos bajo su poderosa protección.

TODOS: Dios te salve María, etc...

SACERDOTE: Ruega por nosotros, Santa Madre de Dios.

TODOS: Para que seamos dignos de alcanzar las promesas de Cristo.

SACERDOTE: Oremos. Señor, Jesucristo, que nos has dado a tu Madre María, cuya imagen veneramos, como una madre dispuesta a ayudamos en todo momento; concédenos, te rogamos, que todos los que pedimos su ayuda disfrutemos del fruto de tu redención. Te lo pedimos a ti, que vives y reinas por siempre.

TODOS: Amén.

Oraciones públicas en honor a

NUESTRA SEÑORA DEL PERPETUO SOCORRO

(María, nuestro modelo)

Himno de entrada *(de pie)*

SACERDOTE: Pongámonos de rodillas, al congregarnos en honor a nuestra Madre y nuestro perpetuo socorro. Recordamos como ella ayudó a otros. Toda su vida fue una lección de amor.

TODOS: Señora del Perpetuo Socorro, hoy nos encontramos con tantas dificultades. Tu retrato nos habla tanto de ti. Nos recuerda que debemos buscar y ayudar a los necesitados. Ayúdanos a entender que nuestra vida es para darla a los demás. María, modelo del amor cristiano, sabemos que no podemos curar cada dolencia, ni podemos resolver cada problema. Pero, con la gracia de Dios, que hagamos lo que esté en nuestras manos. Que seamos verdaderos testigos ante el mundo, que el amor del uno por el otro realmente importa. Que nuestras acciones diarias proclamen que seguimos el modelo de tu vida, Señora del Perpetuo Socorro.

*****

SACERDOTE: María, tú fuiste una mujer de fe firme y constante. Tu fe en Jesús nunca vaciló. Modelo de todos los creyentes, ruega al Espíritu Santo por nosotros. Ayúdanos, no sólo a aceptar todas las enseñanzas de tu Hijo sino a ponerlas en práctica.

TODOS: Señora del Perpetuo Socorro, cuando niño, Jesús corría hacia ti para buscar consuelo y aliento. Siempre lo atendiste con amor, e inspirada por el Espíritu Santo, aceptaste a Jesús como el Hijo del Todopoderoso, el Mesías esperado. Siguiendo tu ejemplo de fe, permítenos reconocer a Jesús en aquellos que conocemos, especialmente los pobres y solitarios, los enfermos y mayores de edad. Que recordemos siempre, querida Madre, que lo que hacemos por el menor de los hermanos y hermanas, lo hacemos por tu amoroso Hijo. Que sus palabras vivan en nuestro corazón e influyan en nuestra vida y en la vida de aquellos que conocemos.

*****

SACERDOTE: Oremos para recibir la Palabra de Dios.

TODOS: María, mujer de fe, reflexionabas y atesorabas el significado de las palabras y acciones de Dios en tu vida. Tú respondiste con fe y de manera generosa a su Palabra.

Según escuchamos la Palabra de Dios, ayúdanos a prestar atención a su mensaje. Que el Espíritu Santo ilumine nuestro entendimiento y nos dé el valor de poner estas palabras en práctica.

*(En caso de que haya homilía,
todos deben sentarse.)*

*****

SACERDOTE: Pongámonos de pie para presentar nuestras peticiones.
Concédele sabiduría y guía a nuestro Papa..., a nuestro Obispo..., a nuestros sacerdotes y a todos los líderes de nuestra nación, estado y comunidad.

TODOS: Que tu Madre interceda por nosotros.

SACERDOTE: Concédenos paz y unidad a través del mundo, especialmente en nuestros hogares y familias.

TODOS: Que tu Madre interceda por nosotros.

SACERDOTE: Concédenos que la gente joven responda de manera generosa al llamado del Espíritu Santo de profundizar en su vida de fe y escoger sabiamente su vocación.

TODOS: Que tu Madre interceda por nosotros.

SACERDOTE: Concédenos salud de mente y cuerpo y ayuda a los enfermos, en especial a... para que recuperen su salud de acuerdo con tu santa voluntad.

TODOS: Que tu Madre interceda por nosotros.

SACERDOTE: Concédele descanso eterno a nuestros familiares y amigos que han fallecido, en especial a..., y a las almas de todos los fieles difuntos.

TODOS: Que tu Madre interceda por nosotros.

SACERDOTE: Hagamos una pausa para presentar silenciosamente nuestras peticiones personales a Nuestra Señora del Perpetuo Socorro.

*****

SACERDOTE: Pongámonos de rodilla para continuar nuestra oración.

TODOS: María, sierva humilde del Señor, necesitamos tu ejemplo hoy para descubrir la voluntad de Dios en nuestra vida. Tú siempre le diste a Dios el primer lugar en tu vida. Y reflexionabas continuamente en su

Palabra guardando su mensaje en tu corazón. Ayúdanos a buscar su plan en todo lo que hacemos. Danos la convicción de que lo más importante es hacer la voluntad de nuestro Padre celestial. Que pasemos cada momento amándole y agradándole. Que podamos proclamar como tú lo hiciste: soy el siervo(a) del Señor. Yo deseo lo que Dios desea, cuando él lo desea y porque él lo desea.

*****

SACERDOTE: Señora del Perpetuo Socorro, tu retrato nos recuerda que debemos cargar nuestra cruz según lo hizo Jesús. Con valentía, sufrió injusticias, abandono y traición, dolor y sufrimiento, hasta una muerte de criminal.

TODOS: María, eres nuestro modelo en el sufrimiento y en la valentía. Tú compartiste el sufrimiento y la muerte de tu Hijo y ahora compartes su resurrección. Nosotros, también, compartimos la cruz de Cristo y algún día, compartiremos plenamente su resurrección. Ayúdanos a ser pacientes en nuestro sufrimiento, y a confiar en el cuidado de nuestro Padre del cielo. Que aquellos que sufren enfermedades de mente o cuerpo puedan conocer el poder de sanación de tu Hijo. Ayúdanos a seguir su ejemplo y, por medio de él, con él y en él, nos encomendemos al cuidado de nuestro Padre celestial.

SACERDOTE: Pidámosle a María que vele por todas las familias.

TODOS: Señora del Perpetuo Socorro, bendice a nuestras familias con tu tierno amor maternal. Que el sacramento matrimonial traiga a esposos y esposas más cerca uno del otro para que siempre sean fieles y se amen como Cristo nos amó a nosotros. Ayuda a todas las madres y padres a amar y apreciar los hijos que Dios les ha confiado. Que sean siempre modelos de la vida cristiana. Ayuda a todos los hijos e hijas para que ellos amen y respeten a sus padres. Inspira a todo el mundo a valorar el matrimonio y la vida familiar. Danos un sentido de responsabilidad para que hagamos nuestra parte en hacer de nuestros hogares refugios de amor y paz. María, nuestro modelo, asiste a cada familia a crecer diariamente en el amor genuino hacia Dios y el prójimo, para que la justicia y la paz florezcan por doquier.

*****

(El Acto de Consagración que sigue debe recitarse la primera semana del mes)

Acto de consagración

SACERDOTE: Renovemos nuestro Acto de Consagración.

TODOS: Unidos con los miembros de la Cofradía de Nuestra Señora del Perpetuo Socorro aquí reunidos y por todo el mundo, nos consagramos a tu servicio. Prometemos renovar esta dedicación una vez al mes y recibir los sacramentos frecuentemente. Te rogamos, obtengas para nosotros la gracia de imitar a tu siervo, San Alfonso, en su amor por ti y tu Hijo.

*****

SACERDOTE: Desde el primer momento de su existencia, el Espíritu Santo colmó a María con su amor. Por medio de su poder, ella fue la Virgen Madre de Dios. Por medio del mismo Espíritu Santo, ella fue la esposa perfecta, la madre perfecta. Imitemos su generosidad, su candor hacia el Espíritu Santo y digamos.

TODOS: Ven, Espíritu Santo, llena nuestro corazón con tu gozo y paz, con tu poder y tu amor, con tu presencia constante en nosotros.

SACERDOTE: Reciban el Espíritu Santo. Que siempre esté con ustedes para fortalecerlos, por encima de ustedes para protegerlos, delante de ustedes para guiarlos y detrás de ustedes para animarlos y en ustedes para poseerlos totalmente. Por las oraciones de nuestro santo patrón, San Alfonso, la intercesión de Nuestra Señora del Perpetuo Socorro y los méritos de nuestro Señor y Salvador Jesucristo, presente en el Santísimo sacramento del altar, que la bendición de Dios todopoderoso, el Padre, el Hijo y el Espíritu Santo, descienda sobre ustedes y permanezca con ustedes para siempre.

Oraciones públicas en honor a

NUESTRA SEÑORA DEL PERPETUO SOCORRO

(Edición Occidental)

Himno de entrada *(de pie)*

Lectura de peticiones y Acción de gracias

(De rodillas para recitar las oraciones).

Oración por las necesidades espirituales

Oh Señora del Perpetuo Socorro, con la mayor confianza, venimos ante tu sagrado cuadro, para invocar tu ayuda. Has visto las heridas que Jesús se complació en recibir por nuestra causa; has visto la sangre de tu Hijo derramada para nuestra salvación; sabes cuánto tu Hijo desea otorgarnos los frutos de su redención. He aquí que nos postramos a tus pies y te rogamos obtengas para nuestras almas las gracias que tanto necesitamos. Oh María, la más amorosa de todas las madres, obtén para nosotros del corazón de Jesús, la fuente de todo bien, estos dones *(menciónelos aquí)*. Oh Señora del Perpetuo Socorro, tú deseas nuestra salvación aún más que nosotros mismos; tu Hijo te ha dado a nosotros como nuestra Madre, tú misma has escogido ser llamada Señora del Perpetuo Socorro. No confiamos en nuestros méritos, sino en tu poderosa intercesión, confiamos en tu bondad, confiamos en tu amor maternal. Señora del Perpetuo Socorro, por el amor que le tienes a Jesús, tu Hijo y nuestro Redentor, por el amor de tu gran siervo San Alfonso, y por el amor que nos tienes, obtén para nosotros las gracias que te pedimos. Amén.

Tres Ave Marías.

Oración por las necesidades temporales

Oh Señora del Perpetuo Socorro, numerosos devotos rodean continuamente tu santa imagen, implorando tu misericordia. Todos te bendicen como la ayuda segura para los pobres, todos sienten los beneficios de tu protección maternal. Con confianza, pues, nos presentamos ante ti en nuestra debilidad. Observa, querida Madre, los muchos males a los cuales estamos expuestos y cuán numerosas son nuestras necesidades. Las tribulaciones y tristezas a menudo nos deprimen, situaciones difíciles, problemas familiares, traen dolor a nuestra vida. Nos encontramos la cruz por doquier. Ten piedad, madre compasiva, de nosotros y nuestros seres queridos, especialmente en esta necesidad (menciónela aquí). Ayúdanos querida Madre, en nuestra congoja, líbranos de nuestros males, o si es la voluntad de

Dios que suframos aún más, concédenos que lo soportemos todo con amor y paciencia. Estas gracias las esperamos de ti con confianza, porque eres tú nuestro perpetuo socorro. Amén.

Tres Ave Marías.

Por las gracias de salvación

Oh Señora del Perpetuo Socorro, eres tú la que dispensa todos los bienes que Dios nos concede a nosotros los pecadores pobres, y por esta razón, él te ha hecho tan poderosa, rica y generosa, para que nos ayudes en nuestra pobreza. Eres la abogada de los pecadores más detestables y de todos los abandonados que recurren a ti. Ven, entonces, en mi ayuda, querida Madre, pues yo me encomiendo a ti. En tus manos pongo mi salvación eterna y a ti confío mi alma. Cuéntame entre tus siervos más devotos, tómame bajo tu protección, esto es todo lo que pido. Pues, si tú me proteges, querida Madre, no le tengo miedo a nada; ni a mis pecados, porque obtendrás para mí el perdón, ni a los demonios, porque eres más poderosa que todo el infierno junto, ni tan siquiera a Jesús, mi Juez, porque tu intercesión y su amor me obtendrán el perdón. Pero a una cosa sí le temo, que en la hora de la tentación me olvide de llamarte y así perezca miserablemente. Obtén para mí, entonces, el perdón de mis pecados, amor por Jesús, la perseverancia final y la gracia de siempre tener refugio en ti, Oh Señora del Perpetuo Socorro.

Tres Ave Marías.

SACERDOTE: Has sido hecha, Oh Señora, un refugio para nosotros.

TODOS: Auxilio en la necesidad y la tribulación.

SACERDOTE: Oremos, Oh Señor Jesucristo, nos has dado a tu Madre María, cuya renombrada imagen veneramos, para que sea una Madre que nos ayude. Concédenos, que nosotros a quienes constantemente imploramos su asistencia, merezcamos los frutos de tu redención, tu que vives y reinas por los siglos de los siglos.

TODOS: Amén.

Oración de San Alfonso

Santísima e Inmaculada Virgen Madre mía, María, a ti, que eres la Madre de mi Señor, la reina del mundo, la abogada, la esperanza y el refugio de los pecadores, a ti recurro hoy. Yo el más miserable de todos. A ti te rindo mi más humilde homenaje, Oh gran reina, y te agradezco todas las gracias que has obtenido para mí hasta ahora, en especial, el haberme salvado del infierno que tantas veces he merecido. Te amo, mi Señora amable, y por el amor que te tengo, prometo servirte siempre y hacer todo lo que esté en mi poder para que otros también te amen.

En ti pongo mis esperanzas y confío mi salvación a tu cuidado. Acéptame como tu siervo y recíbeme bajo tu manto, Madre de la misericordia. Y como eres tan poderosa ante Dios, libérame de toda tentación, o más bien, obtén para mí la fortaleza de triunfar sobre ellas hasta la muerte. A ti pido un amor perfecto por Jesucristo; por medio de ti espero tener una muerte santa. Oh Madre mía, por el amor que le tienes a Dios, te ruego me ayudes en todo momento, pero en especial en el último momento de mi vida. No me dejes, te suplico, hasta que me veas seguro en el cielo, bendiciéndote y cantando tus misericordias por toda la eternidad. Amén, así espero, así sea.

Acto de consagración

(Para decirse una vez cada mes en el día seleccionado por el director de la Novena)

Deseoso de consagrarme enteramente al servicio de la siempre Santa Virgen María, de quien, después de Dios, espero toda ayuda y asistencia en la vida y en la muerte, me uno a los miembros de esta piadosa cofradía, que se erigió en honor a Nuestra Señora del Perpetuo Socorro.

Como mi patrón especial, yo escojo al glorioso San Alfonso, para que obtenga para mí una verdadera y duradera devoción a la siempre Santa Virgen, que honramos con tan dulce nombre.

Prometo, además, renovar mi consagración a la Madre de Dios y a San Alfonso una vez al mes y recibir los sacramentos frecuentemente.

Señora del Perpetuo Socorro, recíbeme como tu siervo y permíteme siempre gozar de tu protección maternal. Prometo acudir a ti para todas mis necesidades espirituales y temporales. Mi Santo patrón San Alfonso, obtén para mí la gracia de un amor ardiente por Jesucristo y la gracia de invocar siempre a Nuestra Señora del Perpetuo Socorro.

Letania de Nuestra Señora

Señor, ten piedad de nosotros.
Señor, ten piedad de nosotros.
Cristo, ten piedad de nosotros.
Cristo, ten piedad de nosotros.
Señor, ten piedad de nosotros.
Señor, ten piedad de nosotros.
Cristo, óyenos.
Cristo, óyenos.
Dios, Padre del Cielo,
ten piedad de nosotros.
Dios Hijo, Redentor del Mundo,
ten piedad de nosotros.
Dios, Espíritu Santo,
ten piedad de nosotros.
Sagrada Trinidad, un solo Dios,
ten piedad de nosotros.
Santa María,
ruega por nosotros.

Santa Madre de Dios,
Santa Virgen de Vírgenes,
Madre de Cristo,
Madre de la divina gracia,
Madre purísima,
Madre castísima,
Madre incorrupta,
Madre inmaculada,
Madre admirable,
Madre del buen consejo,
Madre del Creador,
Madre del Salvador,
Virgen prudentísima,
Virgen digna de veneración,
Virgen digna de alabanza,
Virgen poderosa,
Virgen clemente,
Virgen fiel,
Espejo de la justicia,
Sede de la sabiduría,
Causa de toda alegría,

Vaso espiritual,
Vaso honorable,
Vaso insigne de devoción,
Rosa mística,
Torre de David,
Torre de marfil,
Casa de oro,
Arca de la alianza,
Puerta del cielo,
Estrella de la mañana
Salud del enfermo,
Refugio de los pecadores,
Consuelo del afligido,
Auxilio de los cristianos,
Reina de los ángeles,
Reina de los patriarcas,
Reina de los profetas,
Reina de los apóstoles,
Reina de los mártires,
Reina de los confesores,
Reina de las vírgenes,

Reina de todos los santos,
Reina concebida sin mancha
de pecado original,
Reina asunta al cielo,
Reina del santísimo rosario,
Reina de la paz,

Cordero de Dios,
que quitas el pecado del mundo,
perdónanos, Señor.
Cordero de Dios,
que quitas el pecado del mundo,
escúchanos, Señor.
Cordero de Dios,
que quitas el pecado del mundo,
ten piedad de nosotros.

SACERDOTE: Ruega por nosotros Santa Madre de Dios.

TODOS: Para que seamos dignos de alcanzar las promesas de Cristo.

SACERDOTE: Oremos. Te suplicamos que derrames, Señor, tu gracia en nuestros corazones; para que, según hemos conocido la encamación de Cristo tu Hijo por medio del mensaje de un ángel, por su pasión y la cruz, nos traigan a la gloria de la resurrección; por el mismo Cristo, nuestro Señor.

TODOS: Amén.

Oraciones privadas

Por la conversión de los pecadores

Señora del Perpetuo Socorro, conoces muy bien el valor de la vida inmortal; ya que cada persona ha sido redimida por la preciosa sangre de tu Hijo divino. Escucha mi oración por la conversión de un pecador, uno que va rápidamente camino a la ruina eterna. Yo sé que tú eres el refugio de los pecadores. Sé también, que Dios te ha dado el poder de convertir aún al más endurecido de los pecadores. Hasta ahora, nada ha tenido éxito en cambiar la vida pecaminosa de esta persona. Obtén de tu Hijo la gracia de la conversión. Madre misericordiosa, has convertido a muchos pecadores por medio de la oraciones de sus familiares y amigos. Escucha mi oración y efectúa una verdadera conversión en esta persona. Señora del Perpetuo Socorro, demuestra que verdaderamente eres el refugio de los pecadores.

En caso de enfermedad

Señora del Perpetuo Socorro, tú sabes cuánto sufro debido a mi enfermedad. No sólo sufro en el cuerpo, sino en el espíritu también. Ya no tengo la fuerza suficiente para orar como debiera. Nada me trae alivio; aún las visitas y compasión de mis amigos no me dan consuelo. Mi valentía me está empezando a fallar; la impaciencia y la pena ya están teniendo su efecto sobre mí. Tiernísima y amorosa Madre, siento ansiedad, pongo toda mi confianza en ti. Tu corazón tendrá ciertamente compasión de mí. Madre misericordiosa, no te olvides de este devoto, hijo(a) afligido(a) con (mencione la enfermedad). Pídele a tu Hijo, Jesús, que me de la valentía y fortaleza de aceptar mi enfermedad como la voluntad de Dios, y de soportarla con paciencia y resignación. Si es la voluntad de Dios, intercede por mí para recuperar mi buena salud; pero, si es la voluntad de Dios el que yo continúe sufriendo, o si esta enfermedad me llevará a una vida mejor, estoy perfectamente resignado(a) a ello. Amorosa Madre, tengo confianza de que obtendrás para mí la gracia de hacer todo aquello que Dios quiere de mí. Amén.

Para pedir ayuda financiera

María, madre mía, conozco que eres mi perpetuo socorro, no solamente en las necesidades espirituales sino también en las materiales. Con un corazón humilde y con la confianza de un niño, te pido que me ayudes en esta necesidad financiera por la que estoy pasando. Por causas fuera de mi control, estoy ahora en gran apuro económico, ya que no puedo cubrir ni siquiera mis más urgentes necesidades. Querida Madre, no te pido riqueza, ni prosperidad, sino ayuda para satisfacer mis obligaciones apremiantes. Tú eres la reina del cielo y la tierra, y como tal, la que dispensa los favores que concede tu Hijo, Jesús. Sabemos que eres más gentil y generosa con todos tus hijos devotos. Amorosa Madre, te suplico me obtengas la ayuda financiera que tanto necesito en la situación presente. Te doy gracias, querida Madre, y te prometo dar a conocer tu perpetuo socorro por todas partes. Amén.

Para discernir su vocación

Señora del Perpetuo Socorro, he aquí a tus pies un(a) hijo(a) humilde y amoroso(a). Necesito tu ayuda para reconocer y seguir la vocación en la vida que Dios tiene planeada para mí. Señora del Perpetuo Socorro, yo se que puedo encontrar mi salvación fácilmente en ese estado de vida a la cual me llaman las gracias de tu Hijo divino. Mi único deseo es seguir la voluntad de Dios en todo aquello que concierne mi futuro. Pues entonces, sabré que tendré éxito en luchar por mi salvación eterna. Guíame y dirígeme a escoger la vocación que mejor cumpla el plan divino de Dios aquí en la tierra, y me asegure ver y poseer a Dios por toda la eternidad. Amén.

Cómo hacer una novena

En general, no se necesitan reglas fijas para hacer una novena, más allá de perseverar en la oración por el espacio de nueve días. La eficacia depende en gran parte en la devoción de cada persona.

La novena solemne en honor a la Señora del Perpetuo Socorro consiste en nueve días sucesivos de oración pública en una iglesia o basílica, usualmente antes de alguna de las grandes fiestas de nuestra Señora, así como la fiesta de la Inmaculada Concepción. La *novena perpetua* se llama así porque los servicios se llevan a cabo en un día específico de la semana, como el martes, y continúan a través del año. De esta forma una novena de los martes se puede empezar o concluir en cualquier momento durante el año. Una novena privada se puede llevar a cabo en familia o de manera individual en cualquier tiempo.

Las sugerencias a continuación le ayudarán a incrementar la pasión en sus oraciones:

1. Participe en la novena pública, para contagiar su entusiasmo a otros
2. Reciba los sacramentos de la Reconciliación y la Comunión durante su novena.
3. Prometa a nuestra Señora que si le otorga lo que le pide, usted lo agradecerá públicamente; pedirá que se diga una Misa; dará a conocer el favor otorgado para así alentar a otros; difundirá la devoción a María.
4. Invite a otros a participar en la Novena.

Como hacerse miembro de la Archicofradía

La Archicofradía es una organización espiritual mundial cuyos miembros comparten el deseo de honrar y servir a la Madre de Dios, conocida también como “Nuestra Señora del Perpetuo Socorro”. La Archicofradía se encuentra establecida por ley canónica en la iglesia de San Alfonso, en Roma, donde se venera la imagen milagrosa de Nuestra Señora del Perpetuo Socorro.

Para hacerse miembro de la Archicofradía, es necesario: (1) estar registrado en una iglesia o santuario donde exista una Cofradía de la Virgen del Perpetuo Socorro (cualquier católico de buena reputación es elegible); y (2) recitar el acto de consagración que se encuentra en este folleto.

Se sugiere que los miembros:

1. Renueven este Acto de Consagración una vez al mes.

2. Recurran a Nuestra Señora del Perpetuo Socorro para toda necesidad.
3. Tengan la imagen del Perpetuo Socorro en sus hogares.
4. Usen la medalla de Nuestra Señora del Perpetuo Socorro.
5. Difundan esta devoción entre otros católicos.

Los miembros de la Archicofradía gozan de los siguientes beneficios:

1. Están asegurados de contar con la protección de Nuestra Señora del Perpetuo Socorro.
2. Comparten las devociones públicas y todas las buenas obras de millones de miembros en todo el mundo.
3. Por medio de esta devoción se les dota con una notable influencia para convertir pecadores obstinados.
4. Por la voluntad expresa del Superior Mayor de los Redentoristas, participan en las buenas obras que lleva a cabo la congregación de padres y hermanos redentoristas en todo el mundo.